8.- MATERIAL DE INGENIEROS

Vehículos ligeros Jeep Willys MB y Dodge M-37, con radios AN/GRC-9 Y MK-II (WS-19) respectivamente, junto a antiguos camiones Chevolet 39 con emisoras pesadas, en el Cuartel del Regimiento de Transmisiones del Pardo, en 1958, inmediatamente antes de partir para el Sáhara.

E n este bloque vamos a analizar el material de «Ayuda» procedente de EE.UU. en las dos vertientes que son responsabilidad del Arma de Ingenieros: el correspondiente a los zapadores y el de la especialidad de transmisiones. Hay que decir que, tanto en las fuentes originales, como en la poca literatura existente en España sobre este asunto, es muy difícil seguir la pista de este material de ingenieros, sobre todo del de transmisiones; su compleja nomenclatura, su gran diversidad de modelos, variantes, subvariantes... e incluso, por qué no decirlo, su poca vistosidad a la hora de mostrarlo o exhibirlo en desfiles o paradas, ha hecho que a los ojos de los aficionados no haya tenido la misma repercusión que, por ejemplo, un carro de combate, un cañón o un equipo de radar.

En los capítulos siguientes, y de forma resumida, intentaremos exponer el material de ambas especialidades de ingenieros recibido en España en este primer decenio, procurando no dejarnos en el tintero ninguno de los equipos de procedencia norteamericana.

Zapadores. Los tractores-excavadoras (Bulldozer)

Entre 1955 y 1962, el ejército español recibió varios modelos de tractores-excavadoras con destino a las unidades de zapadores. Se trataba de los Caterpillar D-4 y D-7, así como los International Harvester TD-20.

De los primeros, los denominados D-4, se recibieron como «Ayuda Mutua», siete ejemplares. Se trataba de una versión diesel de un modelo de 1936 –conocido en España y utilizado durante la Guerra Civil como vehículo tractor de material de artillería–, ampliamente empleado por los norteamericanos como tractor de artillería ligera durante la Segunda Guerra Mundial, al que denominaron G-151 cuando lo utilizaban en esa misión.

Para la función de excavadora y removedora de tierras, el tractor D-4 estaba dotado de accesorios especiales: una topadora o traílla y un sistema elevado de poleas para orientar a voluntad la cuchilla.

Arriba. Un Caterpillar D4 en un museo.

Abajo. Tractor Caterpillar Diesel modelo D-4, variante 2T (fabricado entre 1943 y 1945). Estaba dotado de un motor de cuatro cilindros, D-4400.

Página siguiente, abajo. Bulldozer Caterpillar D-7 del ejército norteamericano en el transcurso de la Segunda Guerra Mundial.

Los Caterpillar D-7 fueron introducidos en 1938, adaptándoles un motor D-8800 de seis cilindros, que desarrollaba 92 Hp. Era mucho más potente que el D-4 y se empleaba en trabajos de nivelación en general, remolque de traíllas, empuje y otro tipo de trabajos de construcción.

La versión 3T1 se produjo entre 1944 y 1955, siendo el bulldozer estandar del ejército norteamericano durante la Segunda Guerra Mundial. Además de las tareas que acabamos de citar –propias de los zapadores–, los Caterpillar D-7 podían usarse para remolcar piezas pesadas de artillería.

En concepto de «Ayuda Mutua» se recibieron en España 26 tractores-«bulldozer» D-7, según podemos leer en el ya tantas veces citado «Cuadro de Material Automóvil de la 1ª Región Militar».

Página siguiente, ariba. Un Caterpillar D-7 en su variante construida durante la guerra mundial, sobre un camión REO M-34. La foto está tomada en España.

Página siguiente, abajo. Caterpillar D-7 en la variante más moderna, sobre un semirremolque M-172, de 25 Tm., arrastrado por una cabeza tractora White 666 por las calles de San Sebastián (Guipúzcoa).

Como se puede observar en las fotografías que acompañan, los tractores D-7 recibidos en España podían llevar dos modelos diferentes de «Bulldozer»: el más antiguo –ampliamente empleado durante la Segunda Guerra Mundial por el ejército americano– llevaba el entramado elevado para manejar la topadora delantera; y otro más moderno, que no necesitaba ese andamiaje para poder orientar la hoja con la cuchilla situada en el frontal del tractor.

Página siguiente. Desfile en San Sebastián. En primer plano, tractor D-7. En segundo plano, dos REO con pasaderas para franquear cursos de agua, y en tercer plano, barcazas sobre camiones REO. Pertenecen al Regimiento Mixto de Ingenieros nº 6.

Tractor International Harvester TD-20 Mod. 201. Era muy similar al Caterpillar D-7 en su variante más moderna. Solo llegaron tres ejemplares a España.

TM 5-2410-208-20
DEPARTMENT OF THE ARMY TECHNICAL MANUAL

ORGANIZATIONAL MAINTENANCE MANUAL
TRACTOR, FULL TRACKED, LOW SPEED
DIESEL DRIVEN; MEDIUM DRAWBAR PULL
OSCILLATING TRACK; 74 IN.
GAGE W/ATTACHMENTS
(INTERNATIONAL HARVESTER MODEL TD 20 (201))
FSN 2410-828-3084, W/WINCH FSN 2410-828-3083

HEADQUARTERS, DEPARTMENT OF THE ARMY
JANUARY 1963

Por último, en 1962 llegarían a España tres tractores International Harvester TD-20, modelo 201, con características muy similares a los Caterpillar D-7.

En alguna documentación oficial se refleja la cifra conjunta de 53 tractores recibidos en el marco de la «Ayuda Americana», aunque nosotros queremos ser prudentes y ceñirnos a los datos contenidos en el «Cuadro de Material Automóvil de la 1ª Región Militar», para todo el ejército español, en 1963, que ascendían a 36 ejemplares de las tres variantes que hemos visto en estas páginas.

TRACTORES-«BULLDOZER» AMERICANOS EN ESPAÑA (1954-1963)

FABRICANTE	MODELO	CANTIDAD	NOTAS
CATERPILLAR	D-4	7	«AYUDA MUTUA»
CATERPILLAR	D-7	26	«AYUDA MUTUA»
INTERNATIONAL	TD-20*	3	
TOTAL		36	

* Desconocemos el concepto en el que se enmarcó la llegada a España de estos tres tractores fabricados por la International Harvester. Eran muy similares a los Caterpillar D-7.

Zapadores. Pasaderas y puentes de vanguardia

Soldados del Regimiento de Pontoneros de Zaragoza, se ejercitan en el montaje de un puente de vanguardia sistema «Bailey».

Este tipo de material de zapadores, manejado por los especialistas de pontoneros, era útil para que la infantería y las demás armas combatientes superaran cursos de agua que, de forma natural, le impedían la progresión sobre el terreno en el que se desarrollaban las operaciones militares.

En el primer decenio de «Ayuda Americana», los zapadores españoles recibieron de EE.UU. seis pasaderas de infantería, tres equipos-puente P.F. 50 (de 80 metros lineales) y un equipo-puente Bailey, además de 15 secciones-puente de 50 Tm[1].

Las pasaderas de infantería más básicas (nombradas como Pasadera nº 1) estaban constituidas por los llamados «flotantes», de 80 kg. de peso, rellenos de una fibra vegetal impermeable, con una fuerza de flotación de 400 kg., unidos entre ellos por tableros de cuatro metros de longitud por 0,80 de ancho, de 56 kg. de peso cada uno.

Este tipo de pasaderas eran aptas para el paso de la infantería de uno en uno, con equipo, a paso ligero.

La Pasadera nº 2 se formaba con dos pasaderas nº 1, y otra especial colocada entre las anteriores. Este modelo era apto hasta para vehículos ligeros tipo «Jeep».

Estas pasaderas figuraban en los Parques de Ingenieros, sin estar asignadas a ninguna unidad en particular.

1.- Petición de Armamento y material para la organización del ejército. Plan "I" (Máximo). Febrero de 1963. Archivo particular.

Izquierda. Puente flotante PF-50 en pleno proceso de construcción..

Abajo. Un carro de combate medio Valentine, cruzando un puente «Bailey» en los tiempos de la Segunda Guerra Mundial.

Antes de la reorganización de 1960 del Regimiento de Pontoneros, se recibirán en España en el marco de la «Ayuda Americana» tres puentes para división aerotransportada de 50 Tm. sobre flotantes, denominados P.F. 50.

Recibió este nombre por tratarse de un puente estudiado no solamente para su transporte en vehículos automóviles, sino también en aviones de carga y de transporte, e incluso en helicópteros. Admitía por término medio 50 Tm. de soporte, permitiendo el montaje de puentes de apoyos flotantes, de apoyos fijos –de un tramo o de tramos múltiples– o de balsas de cuatro a seis flotantes.

Por último, en las mismas fechas en que llegaron los puentes P.F.-50, se recibía en España un puente sistema «Bailey», enmarcado en la «Ayuda Mutua», aunque dicho puente era de procedencia británica. Se trataba de un puente totalmente metálico –excepto los tableros de madera–, que se asemejaba en su formación un «Mecano», al permitir según su montaje, muy diversas posibilidades de carga.

Se utilizaba para salvar luces de hasta 60 metros mediante el ensamblado de elementos de unos tres metros de longitud, facilmente transportables en camión, y además, su ensamblado no requería de herramientas especiales ni de equipo pesado, durando unas horas y pudiendo realizarse bajo fuego enemigo.

Su diseñador, el ingeniero británico Donald Bailey –que trabajaba en la Oficina de Guerra del ejército británico–, presentó su proyecto a sus superiores iniciada ya la Segunda Guerra Mundial,

SIR DONALD COLEMAN BAILEY

Sir Donald Coleman Bailey, (15-9-1901/ 5-5-1985) fue un ingeniero civil inglés que ideó el puente «Bailey». Parece ser que el mariscal Montgomery llegó a afirmar que sin el puente Bailey, no habrían ganado la guerra. Bailey obtuvo una licenciatura en Ingeniería en la Universidad de Sheffield y se graduó en 1923, siendo funcionario civil de la Oficina de Guerra cuando diseñó su puente. Otro ingeniero, A. M. Hamilton, demostró con éxito que el puente «Bailey» infringía una patente sobre el puente «Callender-Hamilton», aunque se consideró que el puente Bailey era superior para uso temporal. Bailey sería nombrado «Sir» en 1946 por el diseño de su puente. Murió en Bournemouth en 1985. Durante la Segunda Guerra Mundial, hubo una fábrica que producía los componentes del puente «Bailey» en la vecina ciudad de Christchurch, donde se conserva una sección del puente, en un parque comercial. Sir Bernard Montgomery escribió en 1947: *Los puentes «Bailey» hicieron una inmensa contribución para poner fin a la Segunda Guerra Mundial. En lo que respecta a mis propias operaciones, con el Octavo Ejército en Italia y con el 21 Grupo de Ejércitos en el noroeste de*

Europa, nunca podría haber mantenido la velocidad y el ritmo del avance sin grandes suministros de puentes «Bailey».

y la producción del mismo daría comienzo en 1941, entrando en servicio en diciembre de ese mismo año. EE.UU. adquirió la licencia para su producción.

Durante el conflicto mundial se llegaron a fabricar casi medio millón de toneladas de puentes «Bailey», alcanzando la cifra de 320 kilómetros de puentes fijos y casi 70 de puentes flotantes, siendo utilizados en casi todos los teatros de operaciones.

La estructura del puente y la luz de los tramos hacen que las posibilidades del mismo sean tan variadas que exija el empleo de cálculos o tablas para predecir las cargas a soportar y longitudes a alcanzar según disponibilidades de material, personal y tiempo.

Los tramos del puente podían apoyarse directamente sobre las orillas, o bien sobre apoyos intermedios, que podían ser pilares de mampostería, pilares formados por elementos del mismo puente o sobre apoyos flotantes.

En 2023 el ejército español sigue empleando el puente militar de vanguardia «Bailey».

Zapadores españoles del Regimiento de Pontoneros, en plena construcción de un puente «Bailey». Corría el año 2020, y las mascarillas que portan son el símbolo inequívoco de que estábamos en plena pandemia de Covid 19. Versiones de estos puentes, modificados por el T.Y.C.E. (Taller y Centro Electrotécnico del Ejército), se montaron por nuestros zapadores en Bosnia-Herzegovina (Mostar, sobre el río Neretva) en los años noventa.

Desfile en Madrid de la División Acorazada a finales de los años 50 del siglo XX.
Sobre camiones Chevrolet 39 procedentes de los tiempos de la Guerra Civil española se transportan piezas de puente pesado, de reciente incorporación al ejército español.

Pasaderas y puentes norteamericanos en España (1954-1963)

Fabricante	Modelo	Cantidad	Notas
	Pasadera	6	«Ayuda Mutua»
	PF-50	3	«Ayuda Mutua»
	Secciones 50 Tm	15	«Ayuda Mutua»
	Bailey	1	«Ayuda Mutua»

Arriba y centro. Zapadores sobre un «Jeep» MB que remolca una motobomba de un equipo contraincendios. El jefe de vehículo lleva un subfusil Star Z-45.

Abajo. Desfile en Madrid de la División Acorazada. Los remolques arrastrados por las Dodge 3/4 llevan complementos de puentes de vanguardia.

Hubo muchos otros elementos de combate y trabajo de los zapadores de los que existen pruebas de recepción en el marco de la «Ayuda Mutua», como las anteriormente mencionadas minas contracarro fabricadas en el marco de los contratos «Offshore», detectores de minas, teleféricos, compresores, escavadoras, motodepuradoras... Incluso existe la evidencia fotográfica de un lanzallamas M-2, en 1963, operado por un soldado español.

Zapadores. Otro material americano (1954-1963)

Clase de Material	Cantidad	Clase de Material	Cantidad
Grúas escavadoras	5	Detectores de minas	52
Equipo trailla	9	Equipos motodepuradores	9
Compresor ligero	50	Teleférico	3
Compresor pesado	4	Control de calidad de agua	2 (no recibidos)

Derecha. Remolques de ¼ Tm con diversos equipos. El mostrado en la foto superior es una motobomba de un equipo de aguada. El de la foto central es un grupo electrógeno de un motocompresor de martillo neumático. La foto inferior muestra un equipo de alumbrado.

Transmisiones

La «Ayuda Americana» incorporó al ejército español una gran cantidad y variedad de medios de transmisiones, sobre todo de equipos de radio, aunque también se recibiría algo de material telefónico, incluyendo teletipos. En cualquier caso hay que recordar que en aquella época se fabricaban en España –en cantidades modestas, es cierto– equipos de radio por parte de la empresa Marconi SA, y grandes cantidades de material telefónico –centrales y terminales–.

Es por ello que el gran esfuerzo norteamericano en el envío de este material fue en aparatos de radio, tanto radioteléfonos ligeros, medianos y pesados, como estaciones radio de varios modelos y para diversos empleos (tierra-tierra, tierra-aire)

En el primer decenio de «Ayuda», que estamos estudiando, se contrataron más de 8500 radioteléfonos de campaña, divididos en las siguientes categorías: 3438 radioteléfonos ligeros, 2959 radioteléfonos

Soldados norteamericanos con un radioteléfono medio tipo AN/PRC 9/10. El salto cualitativo se produjo en la 2ª Guerra Mundial y se generalizó en la posguerra, al pasar la mayoría de los equipos de radio a estar modulados en frecuencia –FM–; anteriormente la voz (la señal) modulaba la frecuencia portadora en amplitud –AM–.

medios y 2262 radioteléfonos pesados, suponiendo este aporte de material de transmisiones un salto cuantitativo y cualitativo enorme para el ejército español.

A esta cifra realmente extraordinaria habría que añadir 740 estaciones radio, 209 terminales telefónicos, seis centrales telefónicas y seis teletipos, que también se recibieron en el período estudiado.

Para entender la nomenclatura electrónica que vamos a seguir, hemos de referirnos al MIL-STD-196, un estándar desarrollado por el Departamento de Defensa de los EE.UU. en 1957 para asignar una designación de los equipos electrónicos, sistema que se ha modificado varias veces, la última en 2018.

Transmisiones. Radioteléfonos ligeros

El radioteléfono ligero por excelencia. apto para enlaces compañía-sección o batería-observatorio, era el denominado en la nomenclatura norteamericana AN/PRC-6. Era la versión FM del equipo de radio «Handie Talkie» SCR-536 –que también se recibió en España–. Se trataba de un equipo de corto alcance y baja potencia que operaba en el rango VHF para comunicaciones en línea de visión por parte de elementos avanzados de unidades blindadas, infantería y artillería, funcionando con un único canal de frecuencia fija.

Constaba de un receptor-transmisor ligero e independiente, que tenía un micrófono y un auricular incorporados y una disposición para conectar un teléfono normal. La antena normal, de cinta flexible, se atornillaba en la parte superior de la radio cuando estaba en uso. Funcionaba con una batería BA-270/U.

Centro. Chapa de identificación de un PRC-6, en la que aparece también la denominación antigua y los números de «clave del equipo» y de serie. La clasificación de ligeros/medios/pesados (como la anterior «Tipos A/B/C») lo era más en función de la potencia de emisión (y alcance).

Abajo. Dos vistas del radioteléfono ligero. Podía ser sujetado con una mano a modo de teléfono o bien colgado del hombro y utilizando el microteléfono.

```
SIGNAL CORPS                    U.S. ARMY
RADIO RECEIVER–TRANSMITTER
         RT–196/PRC–6
SER. NO. 3772   ORDER NO. 2873-PHILA-52
         SENTINEL RADIO CORP.

FREQ.                                MC.
```

Transmisiones. Radioteléfonos medios

Se trataba de equipos de radio que eran empleados por pequeñas unidades de infantería, caballería o artillería (compañía, batería o escuadrón). Habitualmente se llevaban a la espalda de un soldado (en algún caso podían estar en un emplazamiento fijo), y enlazaban normalmente la compañía/batería/escuadrón con su propio batallón o grupo.

Los AN/PCR-8, 9 y 10 eran transceptores de radio portátiles VHF que cubrían diferentes bandas de frecuencia, y que se empleaban para comunicar las unidades tipo compañía con su escalón superior. El PRC-8 estaba específicamente diseñado para comunicar unidades acorazadas y mecanizadas de infantería y caballería; el PRC-9, para unidades de artillería y el PRC-10, unidades de infantería.

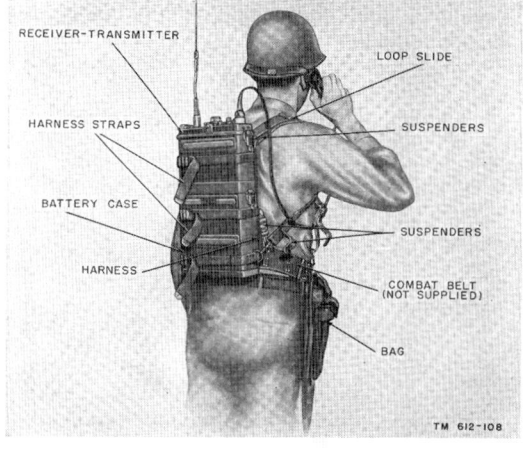

Arriba, abajo y página siguiente. El AN/PRC-10 es un radiotransmisor-receptor de (16) válvulas de vacío, portátil, adoptado en 1951 por el US. Army y empleado en las guerras de Corea y Vietnam. La banda de sus frecuencias de trabajo estaba entre los 38 y 55 Mhz, en banda corrida (no canales); los modelos PRC-8 y 9 eran básicamente iguales, pero cubriendo bandas de frecuencia más bajas. La señal estaba modulada en frecuencia (FM) y su potencia de emisión era de 1 watio. Podía utilizar dos tipos de antena, de varilla (larga, plegable) y de látigo o cinta (corta). El conjunto radio y batería pesaba 12 kg. Se llegó a fabricar en Marconi Española.

RADIOTELÉFONOS NORTEAMERICANOS EN ESPAÑA (1954-1963)

MODELO	CATEGORÍA	ALCANCE	TRANSPORTE	UNIDADES
SCR-536	LIGERO	1,6 KM	PORTÁTIL	USO GENERAL
AN/PRC-6	LIGERO	1,6 KM	PORTÁTIL	INFANTERÍA
SCR-509	MEDIO	8 KM	A ESPALDA	INFANT./ CABALL.
SCR-609	MEDIO	8 KM	FIJO Ó MÓVIL	ARTILLERÍA
AN/PRC-8	MEDIO	4,8-19,2 KM	A ESPALDA	INFANT./ CABALL.
AN/PRC-9	MEDIO	4,8-19,2 KM	A ESPALDA	ARTILLERÍA
AN/PRC-10	MEDIO	4,8-19,2 KM	A ESPALDA	INFANTERÍA
AN/VRC-3	MEDIO	6 KM	VEHÍC. ARMADO	INFANT./ CABALL.
SCR-508/509	PESADO	16-24 KM	VEHÍCULO	INFANT./ CABALL.
SCR-510	PESADO	8 KM	VEHÍCULO	INFANT./ CABALL.
SCR-528	PESADO	16-24 KM	VEHÍCULO	INFANT./ CABALL.
SCR-610	PESADO	8 KM	VEHÍCULO	ARTILLERÍA
SCR-619	PESADO	8 KM	VEHÍCULO	ARTILLERÍA
AN/GRC-3 (A)	PESADO	16-24 KM	VEHÍC. ARMADO	INFANT./ CABALL.
AN/GRC-3 (B)	PESADO	16-24 KM	VEHÍC. ARMADO	INFANT./ CABALL.
AN/GRC-4 (A)	PESADO	16-24 KM	VEHÍC. ARMADO	INFANT./ CABALL.
AN/GRC-4 (B)	PESADO	16-24 KM	VEHÍC. ARMADO	INFANT./ CABALL.
AN/GRC-5 (A)	PESADO	16-24 KM	VEHÍC. ARMADO	INFANT./ CABALL.
AN/GRC-5 (B)	PESADO	16-24 KM	VEHÍC. ARMADO	INFANT./ CABALL.
AN/GRC-7 (A)	PESADO	16-24 KM	VEHÍC. ARMADO	INFANTERÍA
AN/GRC-7 (B)	PESADO	16-24 KM	VEHÍC. ARMADO	INFANTERÍA
AN/VRC-9	PESADO	16-24 KM	VEHÍCULO	ARTILLERÍA
AN/VRC-10	PESADO	16-24 KM	VEHÍC. ARMADO	INFANTERÍA
AN/VRC-17	PESADO	16-24 KM	VEHÍCULO 1/4-3/4	INFANT./ ARTILL.
AN/VRQ-2/3	PESADO	16-24 KM	VEHÍCULO	ARTILLERÍA
AN/ARC	PESADO	-	-	ENLACE TIERRA-AIRE

Los equipos SCR-509 y 609 se consideraban también de porte medio, pues podían ser transportados por un hombre a la espalda. Su alcance era de 8 kilómetros y el primero lo utilizaban unidades de infantería y caballería, y el segundo, las de artillería.

El equipo AN/VRC-3 estuvo integrado en carros de combate, en España, concretamente, lo llevaba el M-24 «General Chafee», el M-41 «Walker Bulldog» y el M-47 «General Patton».

Equipo SRC-509 a la espalda de un infante norteamericano.

Transmisiones. Radioteléfonos pesados

Arriba. Equipo de radio AN/GRC-3.

Abajo. Equipo de radio SCR-528. Se aprecian perfectamente el transmisor BC-604, a la izquierda, y el receptor BC-603, en el centro. A la derecha, en el lugar donde iba el segundo receptor en los equipos SCR-508, en este caso lleva un cofre de piezas CH-264. Los equipos SCR-528 se podían convertir muy facilmente en SCR-508.

Encuadrados en este concepto se incluyeron un buen número de equipos de radio que debían montarse en vehículos, tanto ligeros, como medianos o pesados, incluso en blindados y carros de combate. Alguno de ellos, pese a su tamaño y su peso, también podía ser transportado a espalda por un hombre, como veremos.

Los más importantes fueron los denominados AN/GRC-3, 4, 5 y 7, todos ellos recibidos en dos variantes diferentes, denominadas «A» (20 watios de potencia) y «B» (0,75 watios de potencia), siendo equipos que estuvieron en dotación en diversos vehículos blindados y acorazados.

El equipo de radio SCR-508 estaba considerado un radioteléfono pesado. Se trataba de un equipo móvil del *Signal Corps* de los EE. UU., estandarizado en julio de 1942 y empleado en la Segunda Guerra Mundial para comunicaciones terrestres de corto alcance, emitiendo en la banda de frecuencia modulada (FM) (15 w.). Fue ampliamente utilizado por unidades blindadas y mecanizadas (carros M-24 «Chaffee», M-47 «Patton» y M-74) para el mando y control de las mismas (sección o compañía), reemplazando a otras más antiguas. Disponía de un transmisor BC-604 y dos receptores BC-603, pudierndo transmitir en 10 canales y recibir en 20. Era muy similar a otros modelos como el SCR-509 y SCR-510.

La SCR-528 pertenecía a la misma familia que la anterior, y era la que se empleaba en los vehículos de línea. La única diferencia con la SCR-508 era que tenía sólo un receptor BC-603, en lugar de dos.

La radio SCR-610 era un equipo portátil que, bien podía montarse y operarse desdee un vehículo, o también podía ser llevado por un hombre a pie, para utilizarse sobre el terreno. Estaba destinada, básicamente, para enlaces entre oficiales de artillería de una batería y los observadores avanzados, con un rango de actuación de unas cinco millas. Como los modelos anteriores, era un equipo que había nacido en el transcurso de la Segunda Guerra Mundial.Era similar a otros modelos como el SCR-608, SCR-609 o SCR-619.

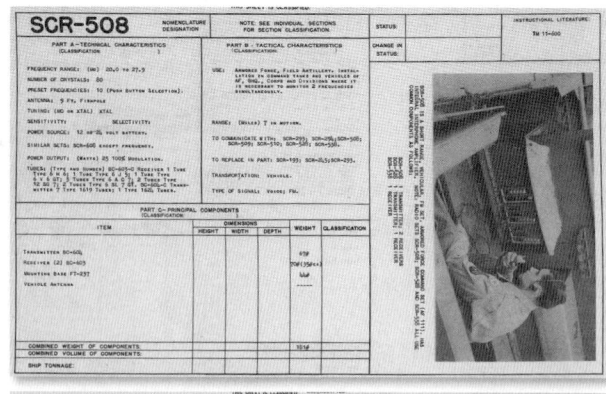

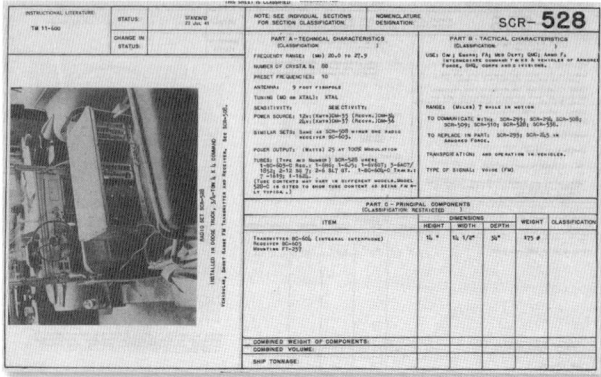

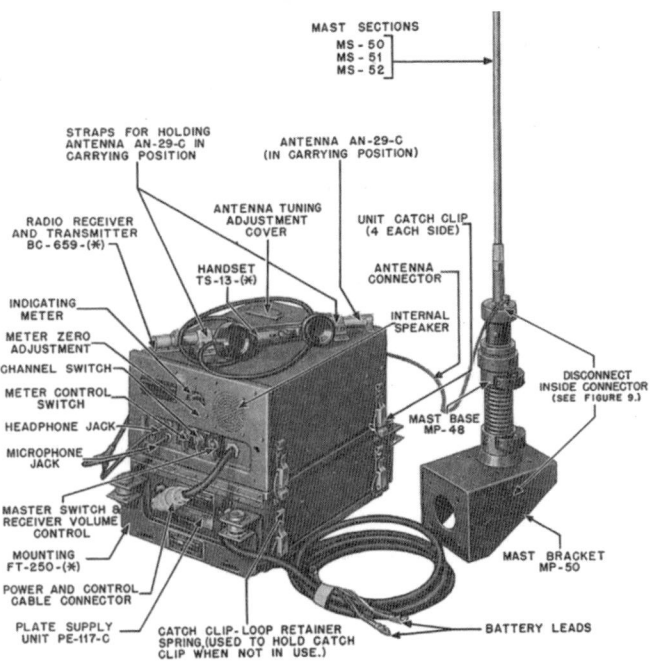

Estación de radio SCR-610 con todos sus accesorios.

Transmisiones. Estaciones de radio

Estación radio SCR-608 montada sobre un «Jeep» MB militar de origen norteamericano. Por los rombos de los soldados sabemos que eran de Ingenieros y estaban destinados en la División Acorazada.

Todos los equipos de radiofonía americanos que no se consideraron «radioteléfonos», entraron en la categoría de «estaciones de radio».

Quizás la más importante y numerosa de las estaciones radio entregadas como consecuencia de los «Acuerdos», fue la llamada por los norteamericanos «Angry Nine», cuya verdadera designación oficial

ESTACIONES RADIO NORTEAMERICANAS EN ESPAÑA (1954-1963)

MODELO	POTENCIA	ALCANCE	TRANSPORTE	UNIDADES
SCR-188	75 W	100-250 KM	SEMIFIJA	TRANSMISIONES
SCR-193	75 W	96 KM	FIJA O VEHÍCULO	TRANSMISIONES
SCR-399	400 W.	160-400 KM	VEHÍCULO ARMADO	TRANSMISIONES
SCR-506	90 W.	40-120 KM	VEHÍCULO ARMADO	TRANSMISIONES
SCR-593 (RECEP.)	–	–	A ESPALDA	TRANSMISIONES
AN/GRC-9	20 W	25-50 KM	VEHÍCULO O ESPAL.	GENERAL
AN/GRC-19	50-100 W.	70-150 KM	FIJA O VEHÍCULO	TRANSMISIONES
AN/GRC-26	300-400 W.	200-500 KM	VEHÍCULO	TRANSMISIONES
AN/GRR-2 (RECEP.)	–	–	–	TRANSMISIONES
AN/GRR-5 (RECEP.)	–	–	FIJA O VEHÍCULO	TRANSMISIONES
AN/GCR-46	100 W.	–	FIJA O VEHÍCULO	TRANSMISIONES
AN/ARC-27	9 W.	–	ENLACE AIRE-TIER.	TRANSMISIONES
SCR-522	–	–	ENLACE AIRE-TIER.	TRANSMISIONES
SCR-608	–	–	–	–
SCR-609	–	–	–	–
SCR-610	–	–	–	–
SCR-694	–	–	–	–

era AN/GRC-9, un transceptor de HF de baja potencia que cubría tres bandas AM-CW en sintonización continua, pudiendo utilizar tres tipos diferentes de antena. Sería el primero de su clase en ser introducido en la OTAN. A partir de 1953 sería fabricado en Europa por Francia, Alemania e Italia. La versión de mochila requería de tres hombres para transportarla.

Alrededor de 1951, con motivo de la Guerra de Corea, el ejército USA actualizaría sus equipos de comunicación portátiles. El equipo debería tener un diseño moderno, ser resistente a la intemperie, e incluso poder lanzarse en paracaídas en lugares remotos. Así nació el AN/GRC-19, un equipo que disponía del transmisor T-195 y del receptor R-392, y que funcionaba con una corriente de 24/28 voltios. El AN/GRC-19 se utilizaba habitualmente en vehículos tipo 1/4 «Jeep» o 3/4 «Dodge» M-37, para lo que se diseñó el montaje-soporte denominado MT-851.

Otro equipo de radio emblemático, que nació a principios de los años 50, y que vino a España con motivo de la firma de los Acuerdos de septiembre de 1953, fue el AN/GRC-26, una estación radio de alta

Arriba. Estación radio AN/GRC-9 montada sobre vehículo ligero.

Abajo. Estación radio AN/GRC-19.

KEY J-45
RECEIVER-TRANSMITTER RT-77(H)/GRC-9
PANEL COVER CW-109/GRC-9
MOUNTING MT-350/GRC-9
WIRE W-128
MAST BASE MP-65-B
DYNAMOTOR-POWER SUPPLY DY-105(*)/GRC DX
HEADSET H-16/U
MICROPHONE CARBON M-52/U
TM5820-453-20-19

Arriba. Estación de radio AN/GRC-9 montada sobre un «Jeep» Willys. A la izquierda, el transceptor RT-77/GRC-9 sobre montaje MT-350. Detrás de él, la base de antena MP-65-B. A la derecha de la imagen, la fuente de alimentación DY-105.

Centro. Despliegue de todos los elementos que componían la estación radio AN/GRC-9, con su denominación americana.

Abajo. Un dibujo del manual en el que se muestra la forma de llevar la emisora AN/GRC-19 sobre vehículo ligero 1/4 «Jeep».

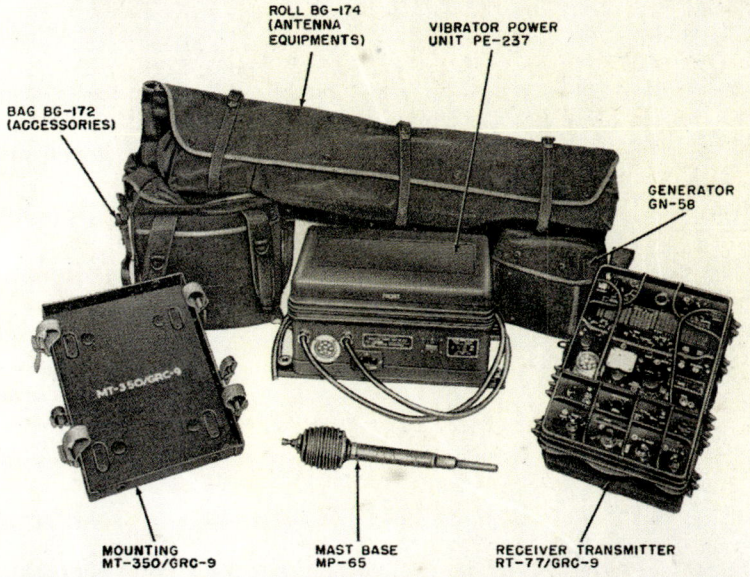

ROLL BG-174 (ANTENNA EQUIPMENTS)
VIBRATOR POWER UNIT PE-237
BAG BG-172 (ACCESSORIES)
GENERATOR GN-58
MOUNTING MT-350/GRC-9
MAST BASE MP-65
RECEIVER TRANSMITTER RT-77/GRC-9

potencia que se montaba en camiones de 2,5 Tm. La unidad de potencia PE-95 para dar corriente a este equipo se solía cargar en un remolque de 1 Tm que arrastraba el propio camión.

La estación AN/GRC-46 era un equipo de radio-teletipo móvil, utilizado por el ejército norteamericano en unidades tácticas. El equipo

Estación de radio de alta potencia AN/GRC-26, montada sobre un camión todoterreno GMC-CCKW-353 dotado de cabina cerrada «Shelter» y remolque donde se transportaba el generador.

TM 264-I

Figure 1. Radio Set AN/GRC-26.

teletipo primario era la impresora Kleinschmidt TT-988/FG y el reperforador-transmisor (TD) TT-76/C. El equipo criptográfico era el TSEC/KW-7, siendo la velocidad de funcionamiento de 60 palabras por minuto. Se utilizó, básicamente, para el manejo de mensajes en la mayoría de las unidades de transmisiones, infantería, artillería, unidades acorazadas...

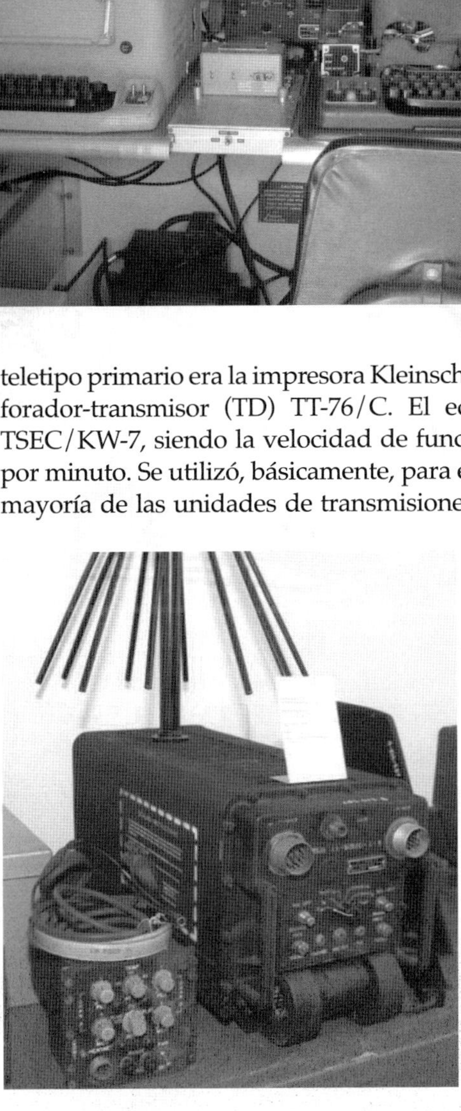

El equipo AN/ARC-27 fue el primero UHF diseñado para su uso en comunicaciones aire-aire y tierra-aire. Se trataba de un equipo muy pequeño (38 kg de peso) capaz de transmitir y recibir en 1750 canales, espaciados 100 KHz, en el rango de frecuencias de 225 a 399 MHz. Normalmente, este equipo se utilizaba junto a la antena radiogoniométrica automática AN/ARA-25.

Arriba. Interior de la estación radio-teletipo, codificada AN/GRC-46. En el estante inferior se aprecian con claridad los teletipos Kleinschmidt TT-988/FG (a la izquierda) y el reperforador-transmisor TT-76/C (a la derecha). Detrás de ellos, en el centro, la caja conectora J-668/GR. En el estante superior, de izquierda a derecha, el transmisor T-195/GRC-19, el receptor R-392/URR, el transmisor modulador MD-203/GR y el convertidor de frecuencias CV-278/GR.

Derecha. Estación de radio AN/ARC-27. Se utilizaba para el enlace tierra-aire.

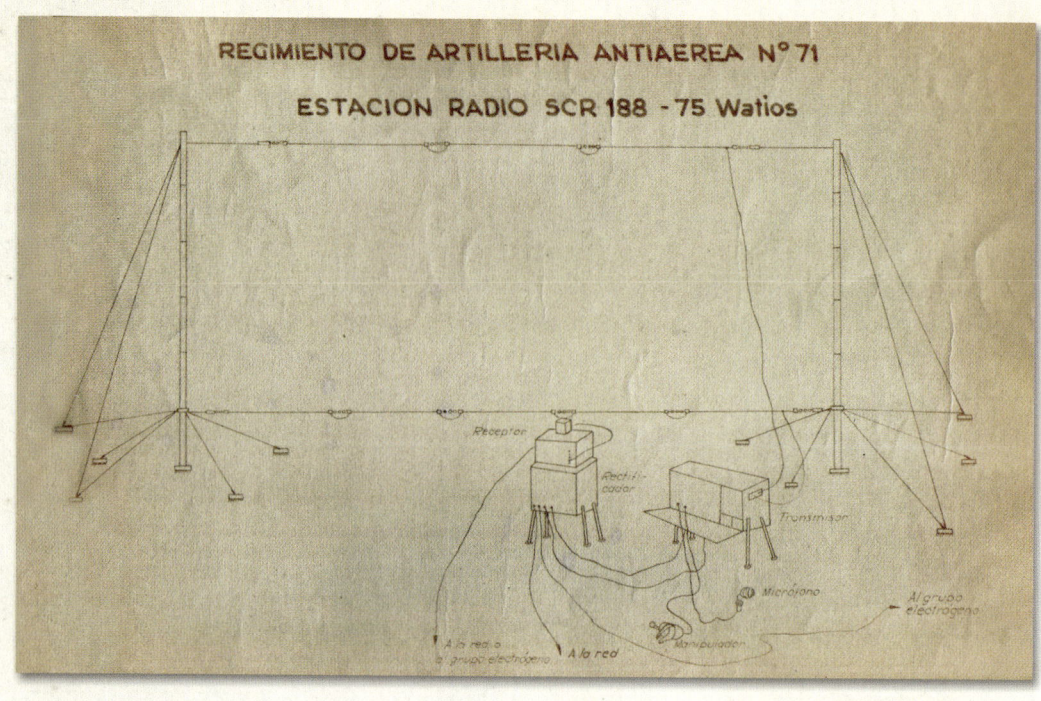

La estación radio SCR-188 se había empleado durante la Segunda Guerra Mundial. Se trataba de un equipo de gran tamaño, destinado a un empleo semifijo en un contenedor o tienda de campaña, e incluso móvil, en un camión de 2,5 Tm, ya que el peso de la estación completa sobrepasaba los 1000 kg. Necesitaba un generador de corriente alterna PE-75.

Otra estación radio procedente de USA, que se había empleado en el conflicto mundial y que también llegó a España con la «Ayuda Americana» fue la denominada SCR-193. Estaba diseñada para ser empleada sobre vehículos ligeros o de combate, carros de combate, vehículos de reconocimiento, etc..., con el fin de proporcionar comunicación intervehicular, tanto si los vehículos estaban en movimiento, o estacionarios. Se pudo ver este equipo de radio en carros como el M-2A3, en blindados semiorugas como el M2/M2A1, M3/M3A1, M5/M5A1, M9A1, M-29 «Weasel», «Jeep», «Dodge». M8, etc...

Arriba y abajo. La estación de radio SCR-188 era ya bastante antigua cuando llegó a España. Algunas de ellas fueron propuestas para el desguace en 1963, antes de finalizar el primer decenio de «Ayuda». En la foto inferior se aprecian con claridad las «válvulas» del transmisor BC-191-N.

SCR-**193**	NOMENCLATURE DESIGNATION	NOTE: SEE INDIVIDUAL SECTIONS FOR SECTION CLASSIFICATION.	STATUS:	STANDARD 5 Dec 33	INSTRUCTIONAL LITERATURE: TM 11-273

PART A — TECHNICAL CHARACTERISTICS
(CLASSIFICATION:)

FREQUENCY RANGE: (MC) TRANS.: 1.5 - 4.5.
                      RECVR.: 1.5 - 18.0.

NUMBER OF CRYSTALS: NONE

PRESET FREQUENCIES: NONE

ANTENNA: 15' FISHPOLE ON FLEXIBLE MAST BASE
          MP-14 OR MP-37.

TUNING: (MO OR XTAL)   MO

SENSITIVITY: SELECTIVITY:

POWER SOURCE: TRANS. DYNAMOTOR UNIT BD-77;
             RECVR. DYNAMOTOR INTERNAL. 12 V CAR BATTERY.

SIMILAR SETS: SCR-177-B

POWER OUTPUT: (WATTS) 75 AT 100% MODULATED.

TUBES: (TYPE AND NUMBER)
   8 VT-4-B; 4 IN USE, 4 SPARE.
   2 VT-25; 1 IN USE, 1 SPARE.
   6 VT-76; 3 IN USE, 3 SPARE.
   2 VT-58; 1 IN USE, 1 SPARE.
   8 VT-49; 4 IN USE, 4 SPARE.

PART B - TACTICAL CHARACTERISTICS
(CLASSIFICATION)

USE: CAV.: RCN SQ, HQ TR (H&M), SERV. TR. (H&M).
      ENGRS: BN, AVN, REGT, ARMD BN.
      SIG C: CO ARMD, CO & TR OPN.
      TANKS, SCOUT CARS, HALF TRACKS ETC.

RANGE: (MILES) STATIONARY - CW-60; TONE-40;
       VOICE-20. MOVING - CW-30; TONE-20;
       VOICE-15.

TO COMMUNICATE WITH: SCR-131; SCR-171; SCR-177;
       SCR-178; SCR-187; SCR-193; SCR-203;
       SCR-210; SCR-238; SCR-245; SCR-259; SCR-287.

TO REPLACE IN PART:

TRANSPORTATION: LT. TANKS M2, MED TANK T4,
       COMBAT CAR M-1, SCOUT CAR M-2, ARMD CAR
       T-11, ARMD CAR M-1.

TYPE OF SIGNAL: CW; TONE; VOICE; (A.M.)

PART C – PRINCIPAL COMPONENTS
(CLASSIFICATION: RESTRICTED   )

ITEM	DIMENSIONS			WEIGHT	CLASSIFICATION
	HEIGHT	WIDTH	DEPTH		
RADIO TRANS. BC-191					UNCLASSIFIED
RADIO RCVR. BC-312					UNCLASSIFIED
DYNAMOTOR BD-77					UNCLASSIFIED
COMBINED WEIGHT OF COMPONENTS:				200 #	
COMBINED VOLUME:				7 CU.FT.	
SHIP TONNAGE:					

Arriba. Una emisora SCR-506 sobre un Jeep Willys. Pertenece a una unidad acorazada.

Centro. Ficha de la estación de radio SCR-193, diseñada para su empleo sobre todo tipo de vehículos.

Otro equipo de radio muy empleado en España, procedente de la «Ayuda Americana» fue el denominado SCR-506, un equipo de potencia media y modulación de amplitud, compuesto por un transmisor de radio BC-653, un receptor de radio, el BC-652 y ciertos componentes operativos adicionales.

Estaba prevista su instalación en carros de combate, vehículos anfibios, vehículos de transporte de personal, etc... para proporcio-

RADIO SET SCR-506-T2
3/4 View

DATE 12-17-41- SIGNAL CORPS LABORATORIES - FORT MONMOUTH - N.J. - NO. SCL- 2471

nar comunicación continua por onda corta y voz de un vehículo a otro, entre estos vehículos y aviones o estaciones base. La principal característica de esta emisora era la facilidad y rapidez con la que se podían realizar cambios de frecuencia.

Hubo otras emisoras de radio entregadas por los norteamericanos, como las SCR-608, 609 y 610, o la SCR-694, e incluso también la AN/GRC-46, que no vamos a desarrollar en este libro por problemas de espacio. Incluso aparatos receptores como los AN/GRR-2 y AN/GRR-5, que también se recibieron en pequeñas cantidades, quedarán fuera del estudio por el mismo motivo. Pese a ello, dejamos constancia de su llegada a España en aquellos años.

Transmisiones. Grupo de control: AN/GRA-6

Arriba. Grupo de control AN/GRA-6. A la izquierda, el elemento de control local C/434-GRC y a la derecha, el elemento de control remoto C/433-GRC.

Derecha. Manual del operador del grupo de control AN/GRA-6.

Página anterior, arriba y abajo. Emisora de radio SCR-506. En la foto inferior podemos verla montada en un vehículo de transporte de tropas.

El sistema de integración de cables de radio (RWI) AN/GRA-6 del Grupo de Control permitía que un soldado ubicado remotamente que llevara una radio se comunicase con otro distante, en un sistema telefónico de campaña a través de un equipo de radio base, o viceversa.

Se trataba de uno de los primeros sistemas de «teléfono móvil» probado en campaña. Su aplicación típica era dirigir un puesto de mando desde una posición con buena cobertura y ocultación, pero conectada por cable telefónico a su radio distante que a su vez podía estar expuesta al fuego enemigo.

El sistema AN/GRA-6 tuvo su primera prueba en combate durante la Guerra de Corea y ciertamente se utilizó en Vietnam. Para la Guerra de Corea, había reemplazado en gran medida a los equipos RWI anteriores de la Segunda Guerra Mundial que operaban con circuitos de radio tácticos AM y FM.

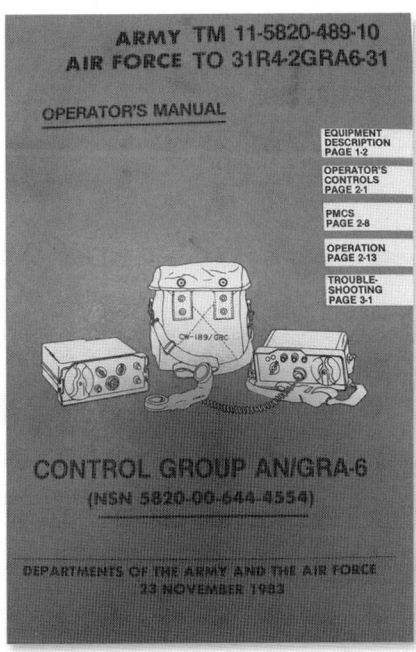

Transmisiones. Recapitulación del material de «Ayuda»

La «Ayuda Americana» fue un gran revulsivo en el tema de las transmisiones del ejército español, pese a que varias empresas españolas producían hasta entonces material radio y material telefónico.

De todo el material de transmisiones al que nos hemos referido en este epígrafe, una parte no se recepcionaría en España en el primer decenio de vigencia de la «Ayuda». Pese a ello, aquí hemos dejado constancia de él, pues estaba prevista su llegada antes de finalizar el año 1963, aunque al final habría que esperar algo más de tiempo para su incorporación efectiva.

MATERIAL RADIO NORTEAMERICANO RECIBIDO Y PENDIENTE EN 1963

TIPO	RECIBIDO	PENDIENTE	OBSERVACIONES
RADIOTELÉFONOS LIGEROS	2325	1113	AN/PRC-6
RADIOTELÉFONOS MEDIOS	2959	–	
RADIOTELÉFONOS PESADOS	2085	177	AN/GRC-6 Y AN/GRC-8
ESTACIONES DE RADIO	678	62	AN/ARC-27, AN/GRC-19
			AN/GRC-26 Y AN/GRC-46
EQUIPOS VARIOS	-	798	

En las siguientes páginas, y en forma de tabla, recogemos diverso material de transmisiones de origen norteamericano, presente en los parques de Ingenieros en noviembre de 1963. Es representativo del volumen y diversidad del aportado por los norteamericanos en el primer decenio de vigencia de los «Acuerdos de Ayuda Mutua». Probablemente hubo más, aunque no tengamos constancia de todo el que se recibió.

Generador de señales SG-15/PCM.

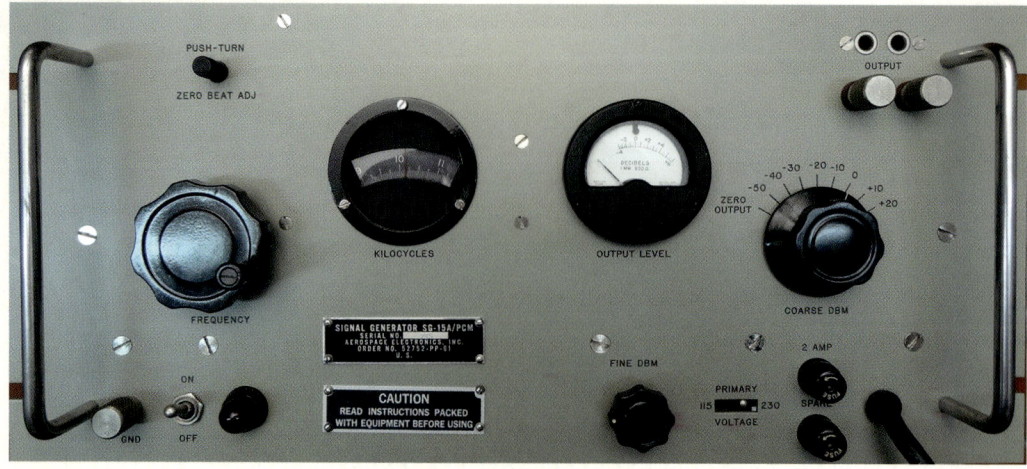

OTRO MATERIAL DE TRANSMISIONES AMERICANO (1954-1963)

TIPO	DENOMINACIÓN	EXISTENCIAS EN PARQUE EN 1963
AN/GRW-2	MANDO A DISTANCIA	31
AN/PRM-15	APARATOS DE MEDIDA	2
AN/TRC-3	RADIOS DE RELÉ TERMINALES	3
AN/UPM-108	INDICADORES DE ONDAS ESTACIONARIA	6
AN/URM-32	FRECUENCÍMETROS	5
I-50	VOLTÍMETROS	1
I-72-J	GENERADOR DE SEÑALES	1
I-129	FRECUENCÍMETROS	1
I-166	VOLTÍMETROS	1
I-176-A	APARATOS DE MEDIDA	1
I-181	APARATOS DE PRUEBA	1
ID-292/PRC-6	COMPROBADORES PARA AN/PRC-6	1
IE-9-C	EQUIPOS DE PRUEBAS	3
ME-9	EQUIPOS DE SINTONIZACIÓN	2
ME/22/PCM	APARATOS DE MEDIDA	1
ME-40	EQUIPOS DE ENTRETENIMIENTO	4
ME-73	EQUIPOS DE COMPROBACIÓN	1
ME-82-U	WATTIMETROS	4
MX-49-U	JUEGOS DE RADIO	2
OS-8C/U	OSCILOSCOPIOS	10
MX-306-A/G	BOBINAS DE CABLE	5
PE-75	GRUPOS ELECTRÓGENOS	20
PE-95	GRUPOS ELECTRÓGENOS	2
PE-162-C	GRUPOS ELECTRÓGENOS	8
PE-210	GRUPOS ELECTRÓGENOS	2
PH-637-PFP	PROYECTORES DE VISTA FIJAS	1
PP-34C-MCM	RECTIFICADORES	2
PP-68/U	UNIDADES DE ALIMENTACIÓN	2
PP-114-VRC-3	ALIMENTADORES	3
PP-1243/U	FUENTES DE ALIMENTACIÓN	2
RA-87	RECTIFICADORES	5
RA-91	RECTIFICADORES	4
RC-289	MANDOS A DISTANCIA	5
RC-292	EQUIPOS DE ANTENA	8
RT-GRC	RECEPTORES-TRANSMISORES	49
SB-22-PT	EQUIPOS CONMUTADORES	1
AN/URM-70	GENERADORES DE SEÑALES	1
AN/URM	PUENTES DE IMPEDANCIA	1
AN/VIA-1	EQUIPOS DE INTERFONÍA	1
BC/342	RECEPTORES	1
BD-100	CENTRALITAS	1
BM-10	PANTALLAS DE PROYECCIÓN	1
CE-11	MOCHILAS	6

Tipo	Denominación	Existencias en Parque en 1963
CH-112-B2	Cofres para camión M-30	4
CY-64/U	Cofres para camión M-30	52
CY-739/PG	Cofres para AN/PGC-1	2
CY-1618/U	Cofres	1
DR-8	Carre	19
AD-1	Osciladores (equipos HEATH para R.C.A.)	11
GD-1B	Ondámetros (equipos HEATH para R.C.A.)	40
LG-1	Generadores señales (equipos HEATH para R.C.A.)	10
MM-1	Multímetros (equipos HEATH para R.C.A.)	11
O-12	Osciloscopios (equipos HEATH para R.C.A.)	8
V-70	Multímetros (equipos HEATH para R.C.A.)	10
309-C	Juegos puntas pruebas (equipos HEATH para R.C.A.)	23
EE-9	Teléfonos de campaña	9
EE-105	Teléfonos	5
EE-101	Frecuencímetros	1
FT-237	Montajes para SCR-508/528	1
I-48	Aparatos de medida	1
SG-15/PCM	Generadores de señales	1
TA-43/PT	Teléfonos	2
TE-33	Equipos de herramientas	1
TE-41	Equipos de herramientas	2
TE-50	Equipos de herramientas	2
TE-113	Equipos de herramientas	3
TE-114	Equipos de herramientas	5
TK-17-FMQ	Equipos de herramientas	4
TS-130A/UP	Aparatos de medida	1
TS-140	Aparatos de medida	1
TS-294/U	Aparatos de medida	1
TS-297/U	Aparatos de medida	6
TS-352/U	Aparatos de medida	17
TS-465B/U	Generadores de señales	1
TS-497/URR	Generadores de señales	1
TU-10	Unidades de sintonía	2
TV-2/U	Comprobadores de válvulas	2
TC-7/V	Comprobadores de válvulas	2
2M-3/U	Aparatos de medida	4

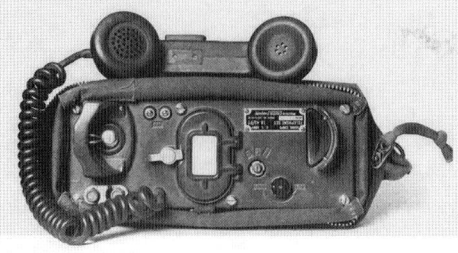

Anexo. Material español de transmisiones

Arriba. Operadores, en grafía y fonía, de un radio transmisor-receptor JTE 20301 de Marconi en los años cuarenta.

Abajo. Desde principios del siglo pasado, el Centro Electrotécnico de Ingenieros creó la infraestructura básica de transmisiones.

En páginas anteriores hemos podido ver que España no era un «páramo tecnológico» en el que no hubiera ni investigación ni fabricación de armamento, tanto por centros militares como civiles (EISA, SECN, ADASA, SAPA, MMM, UE Explosivos, etc). En el campo de las transmisiones esto era claramente palpable, pese a que en la actualidad sea algo bastante desconocido. Aunque un importantísimo espectro de las telecomunicaciones siempre ha sido la telefonía / telegrafía vía cable, vamos a referirnos aquí, fundamentalmente por razones de espacio, únicamente a las basadas en las ondas de radiofrecuencia.

Ya hemos mencionado los grandes rasgos de Marconi Española (TELMAR, Telegrafía Marconi) y de la Compañía Ibérica de Telecomunicación, que fabricaron los primeros aparatos de radio, muchos de diseño español, algunos empleados por los Ministerios de Guerra y Marina antes de 1936 (estaciones de mochila tipos «Centro» Electrotécnico de Ingenieros y «Marconi H.5.» -Modelo 1931- , etc). Hubo otras empresas, como la Sociedad Española de Lámparas Eléctricas Z (SELEZ, Barcelona; en 1930 Philips Ibérica SA) y en 1936 la industria nacional fabricó 15 000 aparatos (fundamentalmente receptores).

En la guerra civil ambos bandos importaron grandes cantidades de equipos militares e incluso desarrollaron algunos propios

Arriba. Radiotransmisor Marconi H5 (1w, Mod. 1931), operado por soldados nacionales en 1937. Se volvió a fabricar en posguerra.

Abajo. Radiotransmisor PM5, de origen belga, del Museo Militar de Sevilla (fue utilizado en la Batalla del Ebro). Se empleó en posguerra y fue codificado como «B 00901».

Página siguiente, abajo. Izquierda: equipo B20301 (2w, Mod. 1943) transmitiendo en marcha. Centro arriba: componentes del equipo de radio B20301 de Marconi. Centro abajo: Manual y transmisor-receptor B20151 (0'5w). Derecha: transceptor B20351 (2w, Mod. 1948; Museo de Transmisiones de El Pardo).

poco conocidos (Radio Requeté de Campaña, estaciones radiotelegráficas de mochila hechas por Ingenieros en Zaragoza, etc). Tras la guerra se reconstruyeron algunas de aquellas empresas y se incorporaron otras, como Telefunken Radiotécnica Ibérica (Getafe, 1940), Standard Eléctrica (SESA, de Standard Elektrik Lorenz; Villaverde, Madrid), RCA Española, Iberia Radio, etc.

En 1950 se fabricaron 100 000 receptores de radio (civiles) de buena calidad, incluso modulados en frecuencia, con componentes nacionales (válvulas, condensadores, altavoces y resistencias; en general todos utilizaban un circuito superheterodino de cinco ó seis válvulas). Teníamos una potente industria radioeléctrica que, a finales de los años cincuenta, introdujo la frecuencia modulada (FM) en los receptores y en la década siguiente

comenzó la construcción de pequeños aparatos transistorizados.

En cuanto a las transmisiones militares, además de las sobrevivientes en 1939 (algunas, como la P.M.5 Belga, muy eficaces), y las adquiridas en el Programa «Bär», se fueron incorporando durante la Segunda Guerra Mundial otros materiales, algunos por llamativos caminos, como las anglo-canadienses MK-II (WS-19), requisadas en Huelva a un barco que las transportaba a la URSS en pleno conflicto mundial.

La amenaza del propio conflicto aceleró la investigación y producción nacional. El modelo de transmisor–receptor Marconi B20301 fue aprobado como reglamentario por la Jefatura de Transmisiones del Ejército en 1943. Este tipo de radio, descompuesto en sendas cajas o mochilas para el transmisor-receptor y las baterías, además del generador manual y demás complementos (antenas, repuestos, cables), que podían desplazarse a pié (cuatro hombres), a lomo y en vehículos, fijó el tipo de radio más difun-

Arriba. Juan Bordas, autor de muchas fotos en Villa Bens (1958), con un radio-teléfono de mano B20101, apodado «lagarto», y un subfusil «narajero» (Erma MP35).

dido en modelos posteriores más perfeccionados (B20151, B20351, etc). Con el tiempo Marconi (Telmar) fabricó muy diversos equipos, para grandes alcances, como los CR 100 y CR 150 empleados en el África Occidental Española, y para muy cortas distancias, como el «lagarto», un radioteléfono de mano muy difundido inicialmente.

Antena de Varillas
Transmisor – Receptor
Unidad de Alimentación
Generador a mano
Bobina mando a distancia
JTE B 20301 Marconi

JEFATURA DE TRANSMISIONES DEL EJÉRCITO

Instrucciones abreviadas para manejo del radio-teléfono reglamentario

B - 20151

Es también obligado resaltar su magnífico equipo de «cable hertziano» B-70.

En el ámbito de la Ayuda Americana», se estableció un «Plan Marconi» que dio lugar a la fabricación de radioteléfonos norteamericanos –AN/PRC-9– e ingleses –C-11, C-42 y C-45–.

Otras empresas produjeron también aparatos de radio militares, y no solo emisores-receptores, también otros elementos especiales, como los radiogoniómetros P-100/01 y RG.

Según el estadillo varias veces citado («Plan I, máximo», petición de armamento y material, 1963), existían en las unidades españolas 333 radios tipo A, 488 tipo B, 25 «C-11» y 146 «B-70» de cable hertziano; también 185 teletipos, 1 682 centrales telefónicas y 15 692 terminales telefónicos.

Con la ayuda americana se produjo el efecto, entre otros quizás deseados por el «donante», de que se frenó en gran medida la investigación y la producción local. A medio y largo plazo, las grandes empresas civiles y la mayoría de las fábricas militares fueron reduciéndose y cerrándose (hoy no se fabrican en España ni pistolas). Los ejemplos de Pegaso ENASA, SECN-Reinosa, CETME, Hispano Aviación, y Marconi, entre otros, son inequívocos. En el caso de esta última, primero el INI entró en su accionariado … y luego vendió sus acciones

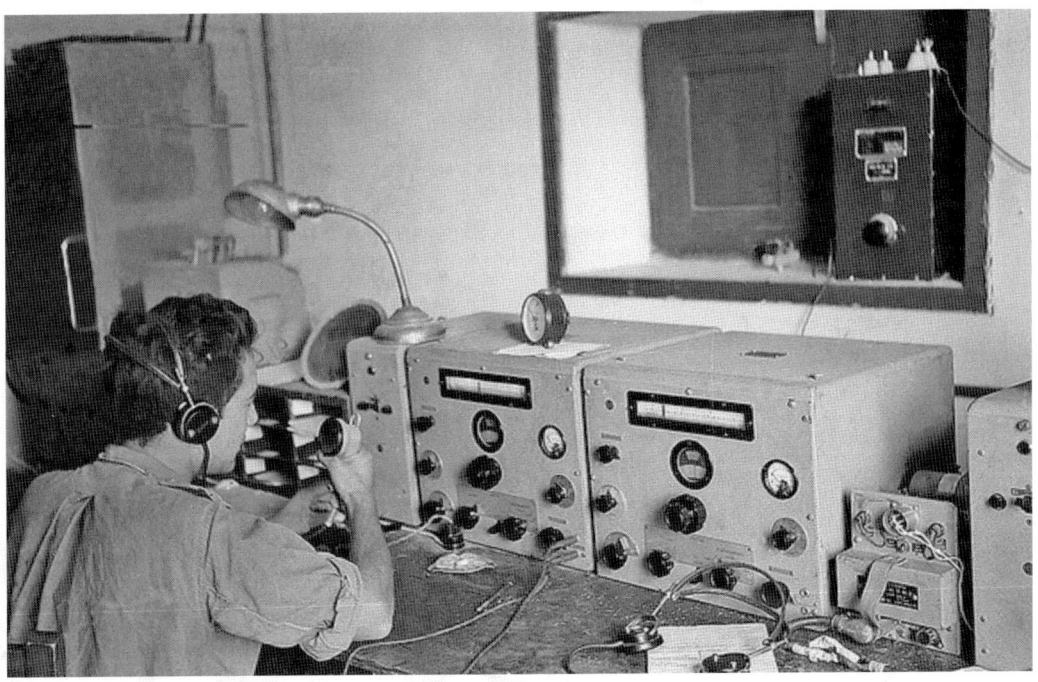

Página anterior, arriba.
Equipo CBH Marconi B-70 (emisor-receptor y sus antenas). Diseño del Instituto Nacional de Electrónica.

Página anterior, abajo.
Un aparato radiogonióme-tro de la casa Telefunken España, P-100/01. En la imagen de la izquierda, sobre un camión ligero norteamericano WC-51 «Dodge» de la unidad de transmisiones de la División Acorazada.

Arriba. Emisoras-receptoras Marconi CR-150 (Mod. 1943) y CR-100 (Mod. 1941) de la estación de Villa Bens en 1958. Foto Bordas.

Abajo. Una estación de radio MK. II (WS-19) anglo-canadiense, en un desfile de la División Acorazada en los años 50. Va montada sobre un ligero «Jeep» Willys MB.

a ITT, y al final quebró; o la quebraron... Como dijo el Almirante Carrero en 1961: «Si quisiéramos resumir en pocas palabras el balance de los acuerdos de 1953 desde el punto de vista militar, podríamos decir que los americanos han resuelto su problema, pero nosotros no hemos resuelto el nuestro»[2].

2.- Centro Documental de la Memoria Histórica-Archivo Fundación Nacional Francisco Franco (CDMH-AFNFF): Doc. 4399 (en cursiva en el original).

CLASIFICACIÓN, EQUIPOS, FRECUENCIA, ALCANCE
(PRONTUARIO DE TRANSMISIONES 1951 Y EJÉRCITO 309/1965)

La Clasificación anterior a la Ayuda Americana era:
- Radioteléfonos: Enlace interno en pequeñas unidades (Batallón/Compañía). Alcance práctico: 3'5 Km.
- Radios Tipo A: Red Divisionaria, Rgto. Caballería, Grupos Artillería. Alcance: (15/30 Km fonía/grafía)
- Tipo B: Red Cuerpo Ejército. Alcance: 15/30 Km en fonía, 25/50 en grafía.
- Tipo C: Complementaria CE y Servicios Especiales. Fonía 70 Km, grafía 120 Km.
- Tipo D: Redes de Ejército y Grupo de Ejércitos. 200 Km en grafía.
- Tipo E: Red Militar Permanente. Alcance práctico 800 km en grafía.
- Tipo F: Alcances estratégicos y servicios especiales. 600 Km en fonía y 1500 en grafía.

EQUIPO	FRECUENCIA DE EMISIÓN Mc/s	ALCANCE MEDIO FONÍA/GRAFÍA. KM	POTENCIA W	TIPO. PESO
MODULACIÓN EN AMPLITUD (AM). ALTAS FRECUENCIAS (HF): ENTRE 3 Y 30 MHz.				
JTE B20201 Telmar, SESA	5 a 8'5 MHz	4	---	0'2	De mano: «Lagarto». 3'5 Kg
JTE B00901 Belga PM5	4'3 a 7'5	20	40	0'5	Mochila. 25 Kg. 1936-9
JTE B20301 Telmar Onda corta	2'7a 6 2.722/6.000 kHz	5 varilla 50 fijo	9 Movim. 2 20	1'5 Bat. 3 Gener.	2 mochilas, más generador. 65 kg, 1944. Antena hilo/Var.
JTE B20151 Telmar	31'6 a 42'8	6/10		0'5	Similar y vehicular.1950
JTE B20351 Telmar	4'3 a 6	7/10	8/20	2	Similar (menos peso). 1950
MK. II (WS-19)	2 a 8, y 235	6/25	50	15	100 Kg. C, Vehicular. 1942
S.E.b. Telefunken	3 a 7'5	75	120	15	Vehicular. Tipo C
Lorenz 100-108	0'2 a 1'2	15/100	80/400	100 Graf.	Vehicular. Tipo D
AN/GRC-9	De 2 a 12 (MHz)	25/50		20	Vehicular
AN/GRC-19	1'5/20 (0'5/32 R)	70/150		80/100	Vehicular
AN/GRC-26	2 a 18 "	200/500			
C-11 (Marconi/Telmar)	2 a 16 "	50/160	100/400	40/50	Vehicular. 94 Kg
MODULACIÓN EN FRECUENCIA (FM). MUY ALTAS FRECUENCIAS (HF): ENTRE 30 Y 300 MHz. MENOS RUIDOS ESTÁTICOS E INTERFERENCIAS, MENOS ALCANCE (ÓPTICO) Y ATENUADO POR LOS OBSTÁCULOS.				
AN/PRC-6	44 a 55'4 MHz	1'5	---	0'25	Portátil. 2 Kg.
AN/PRC-10	38 a 54'9 "	8	---	0'9	" . 12 Kg. Infantería
AN/PRC-9 (y Telmar)	27 a 38'9 "	8	---	1	" . 12 Kg. Artillería.
AN/PRC-8	20 a 27'9 "	8	---	1'2	12. Carros/mecanizados
AN/GRC-3 y 4	20 a 27'9 "	16	---	16	Vehículo. 100 Kg
AN/GRC-5 y 6	27 a 38'9 "	16	---	16	Vehículo. 100 Kg
AN/GRC-7 y 8	38 a 54'9 "	16	---	16	Vehículo. 100 Kg
C-42 (Telmar)	36 a 69 "	16/22	---	15	Vehiculares. Sustituyen las
C-45 (Telmar)	23 a 38 "	16/22	---	20	GRC-3 a 8
CABLES HERTZIANOS DE MICROONDAS (FRECUENCIAS MAYORES DE 1.000 MHz)				
B-70 (Telmar)	4.580/4.820 Mhz	40 a 50 (óptico)		Relés cada 40 km

9.- OTRO MATERIAL NORTEAMERICANO

Helicópteros y avionetas de enlace

Una de las insistentes peticiones de los representantes españoles que negociaron los «Acuerdos con los norteamericanos», fue la de que Estados Unidos autorizara el suministro de medios aéreos (sobre todo helicópteros) al ejército de tierra español.

En 1958, siguiendo la doctrina del *US Army* de dotar de unidades de aviación ligera a las fuerzas terrestres, fueron transferidos al Ejército de Tierra español dos helicópteros Sikorsky H-19D-4, otros dos helicópteros ligeros Hiller OH-23C «Raven» así como 13 avionetas de enlace y observación Cessna L-19-A, a las que los norteamericanos apodaban «Bird Dog».

Arriba. Los dos modelos de helicópteros que recibió el Ejército de Tierra español en la «Ayuda Americana» –atrás el H-19D-4 y delante el OH-23C–, en un museo del US Army.

Abajo. Avioneta Cessna L-19-A «Bird Dog» todavía en vuelo con los distintivos del US Army.

Al llegar a España los primeros aparatos se constató de que el Ejército de Tierra carecía de personal preparado y de infraestructuras y logística para el correcto mantenimiento y operatividad de dichas aeronaves, motivo por el cual, todos los medios aéreos recibidos –avionetas y helicópteros– fueron transferidos al Ejército del Aire,

quien integró las Cessna, los Hiller y los Sikorsky, en la denominada «99 Escuadrilla de Enlace», unidad creada el 4 de marzo de 1958 en Cuatro Vientos, aunque en el mes de mayo pasaría al aeródromo de Getafe –y un año después, al de Alcalá de Henares–, y que colaboraría estrechamente con el Ejército de Tierra, adjudicatario original de las aeronaves norteamericanas, en maniobras y ejercicios.

A las Cessna se les asignó la designación L.12 (matrículas L.12-1 a L.12-13) y los indicativos de unidad 99-1 a 99-13. Los helicópteros H-19D-4 recibieron la designación Z.1 y los OH-23C, la Z.6.

Los dos helicópteros OH-23C «Raven» estuvieron muy poco tiempo operativos en el Ejército del Aire, pues a principios de los años 60 se les dio de baja. Los H-19D-4 durarían algo más en el Ejército del Aire, quien daría de baja los últimos ejemplares en servicio en 1970.

Las seis avionetas Cessna L-19 «Bird Dog» –supervivientes de las 13 primitivas–, tras pasar por diferentes unidades del Ejército del Aire, fueron dadas de baja en el servicio, el 15 de noviembre de 1980.

Arriba. Uno de los dos helicópteros Hiller OH-23C «Raven» recibidos en España para el Ejército de Tierra. Ambos fueron entregados al Ejército del Aire, que los integró en la «99 Escuadrilla de Enlace». (J. L. González Serrano).

Abajo. Uno de los Sikorsky H-19 del Ejército del Aire, empleados por la 53 Escuadrilla de Salvamento. Los dos recibidos por el Ejército de Tierra –del modelo H-19D-4– se acabarían integrando en esta misma escuadrilla.

Una de las 13 avionetas L-19A «Bird Dog» recibidas como «Ayuda Americana» para el Ejército de Tierra. Al igual que se hizo con los helicópteros, las «Bird Dog» acabarían volando con el Ejército del Aire hasta su jubilación. (J. L. González Serrano).

Como curiosidad hay que decir que para el año fiscal de 1963 los americanos ofrecieron seis helicópteros ligeros H-23D «Raven»[1], aunque dicha propuesta fue obviada y nunca se llevaría a efecto. De hecho, los anteriores «Raven» ya habían sido dados de baja en el Ejército del Aire por aquellas fechas.

Curiosamente, ninguno de los medios aéreos recibidos por el Ejército de Tierra en el programa de «Ayuda Mutua», estuvo destinado en dicho ejército. Faltaban todavía varios años para el nacimiento de las Fuerzas Aeromóviles del Ejército de Tierra –FAMET–.

1.- Nota del material que el general Caldara entregó al ministro del Ejército el 25 de febrero de 1963, indicando el que sería enviado a España en el año fiscal de 1963. AGMAV. Acuerdos con Norteamérica.

AVIONETAS Y HELICÓPTEROS AMERICANOS EN ESPAÑA (1954-1963)

FABRICANTE	MODELO	CANTIDAD	NOTAS
CESSNA	L-19A	13	«AYUDA MUTUA»
SIKORSKY	H-19D-4	2	«AYUDA MUTUA»
HILLER	OH-23C «RAVEN»	2	«AYUDA MUTUA»
HILLER	OH-23D «RAVEN»*	6	«AYUDA MUTUA»
TOTAL		**23****	

* ESTABA PREVISTA LA ENTREGA DE ESTOS SEIS «RAVEN» MOD. D EN EL AÑO FISCAL DE 1963, AUNQUE NUNCA SE LLEGARÍAN A RECIBIR. EN 1966 SE ENVIARON SEIS BELL UH-1B «IROQUOIS» EN LUGAR DE ESTOS «RAVEN».

** SÓLO LLEGARON 17 APARATOS. TODOS LOS MEDIOS AÉREOS SUMINISTRADOS EN EL MARCO DE LA «AYUDA AMERICANA» AL EJÉRCITO DE TIERRA, UNA VEZ RECIBIDOS EN ESPAÑA PASARON AL EJÉRCITO DEL AIRE, QUE LOS INTEGRÓ EN SUS UNIDADES.

Remolques y semiremolques

Una de las partidas más amplias de material americano recibido en España el primer decenio fue la de «material rodante no automotor», lo que vulgarmente conocemos como remolques. Dentro de esta categoría podemos distinguir los remolques de carga general, los de carga líquida –agua, combustible, aceites...– o los específicos, como grupos electrógenos u otros.

En lo que se refiere a los remolques de carga general, llegaron cinco modelos diferentes, incluidos en la siguiente tabla.

Un remolque aljibe de procedencia norteamericana. Pertenecía al Regimiento de Ingenieros nº 1, de la División Acorazada.

REMOLQUES AMERICANOS DE CARGA GENERAL (1954-1963)

CLAVE	REMOLQUE	PESO TT (KG)	Carga TT (Kg)	CANTIDAD EN UNA D.I.*
R. 1/4	1/4 Tm	475	225	199
R. 1/2	1/2 Tm	800	500	91
R. 1 1/2	1,5 Tm	2441	1360	227
R. 3/4	3/4 Tm	1304	700	193
R. 2 1/2	2,5 Tm	–	–	55
			Total	765

* DIVISIÓN DE INFANTERÍA MOD. 1960

Arriba. Dibujo de un «Jeep» norteamericano llevando un remolque de carga general de 1/4 de tonelada.

Abajo. Un remolque de carga general de 2,5 Tm transportando un grupo electrógeno.

También se recibieron remolques algibe y remolques cisterna de diversas capacidades, así como un enorme semirremolque para enganchar a las cabezas tractoras Whitte 666.

En el decenio 1954-1963, se recibieron 3248 remolques norteamericanos de todos los tipos y modelos, según consta en la documentación consultada.

OTROS REMOLQUES Y SEMIRREMOLQUES AMERICANOS (1954-1963)

CLAVE	REMOLQUE	PESO TT (KG)	CARGA TT (KG)	CANTIDAD EN UNA D.I.
R. 1 1/2 ALJ.	1,5 TM ALJIBE	–	–	38
R. 2 1/2 ALJ.	2,5 TM ALJIBE	–	–	–
R. 2 CIS.	2 TM CISTERNA	–	550 L	20
S-2 P-25	25 TM SEMIRR.	–	14 TM	6
			TOTAL	64

10.- Retrospectiva de la «Ayuda Americana» a España

Arriba. Carros ligeros M-24 y medios M-47, de origen norteamericano, en el Paseo de La Castellana (Madrid).

Abajo. Los coches ligeros todoterreno «Jeep» norteamericanos, fueron una revolución para el ejército español.

La ayuda inicial que se determinó para el Ejército de Tierra español, como parte del programa global de ayuda a las Fuerzas Armadas españolas, comprendía, en síntesis:

1.- Una entrega de material por valor de 110 millones de dólares, sin pago ni contrapartida en pesetas por parte del gobierno español.

2.- La ampliación y mejora de algunos parques y fábricas militares, con la instalación de maquinaria y utillaje adecuados.

Izquierda. La llegada de los camiones REO M-34 a España mejoró la operatividad del ejército.

Abajo. Desfile de camiones ligeros todoterreno «Dodge» M-37. Fueron otra de las incorporaciones procedentes de la «Ayuda Americana». Los primeros transportan CSR de 106 mm.

3.- La entrega, mediante la firma de contratos «Offshore», de municiones y material de artillería.

4.- La mejora de los conocimientos profesionales de un limitado contingente de oficiales españoles, con asistencia a cursos y mediante visitas al extranjero que les permitieran conocer con más detalle las técnicas y posibilidades de un ejército moderno.

El Ejército de Tierra español fijó las unidades que debían dotarse de material americano, que en principio fueron tres divisiones de infantería y los elementos no divisionarios de un cuerpo de ejército, incluyéndose también en la ayuda las necesidades de los parques que debían apoyar a dichas grandes unidades, las de defensa antiaérea y las de centros de enseñanza militar, básicamente en lo que significaba la ayuda a la instrucción.

El criterio básico para las peticiones españolas de material militar fue el de no incluir en la ayuda el material militar que pudiera adquirirse o se fabricara en España, o que se proyectara fabricar a corto plazo y en cantidad suficiente. Por ello se pidieron, entre otros, carros de combate, artillería pesada, artillería antiaérea, direcciones de tiro, ametralladoras antiaéreas, lanzagranadas, cañones sin retroceso, municiones, vehículos ligeros, medios y pesados todoterreno, remolques varios, tractores, material y maquinaria pesada de ingenieros,

material de transmisiones, talleres móviles, grupos electrógenos, aviones ligeros, helicópteros, repuestos y herramientas.

Carro de recuperación M-74. Estaba construido sobre el chasis del carro de combate «Sherman». Fue el único medio acorazado de estas características aportado por los norteamericanos.

A base de las peticiones globales, y teniendo presente el orden de preferencia señalado por el Ejército de Tierra y los créditos asignados por el Congreso norteamericano en cada año fiscal, se fijaron los programas anuales para el envío del material de ayuda. Se empezó a recibir este material, gran parte de él usado, en el año 1954, y ya en 1958 quedó prácticamente agotado el crédito inicial de 110 millones de dólares fijado para ayuda al Ejército de Tierra. Entonces se vio que, aunque la valoración que los Estados Unidos hacían del material reconstruido era siempre aleatoria por depender de ciertas circunstancias, y contra lo que quizá se había pensado, el material incluido en dicho crédito, unido al aportado por España, no permitió alcanzar una aceptable potencia de combate en las unidades que lo recibieron.

En la visita que en 1958 llevó a cabo el ministro del Ejército a los EE. UU., se convino entre ambas partes la continuación de la ayuda hasta completar las peticiones de material que se habían hecho, la inclusión en aquella, con carácter preferente, de las Divisiones Pentómicas, creadas al reorganizarse el ejército y la contribución parcial del gobierno americano a los gastos de mantenimiento del material de ayuda con el suministro de repuestos y de carburantes. De acuerdo con lo convenido continuó llegando el material militar de ayuda durante los años 1959, 1960 y 1961, si bien lentamente, pues se puede calcular que el valor medio de lo recibido fue unos 20 millones de dólares anuales para los tres Ejércitos

En el año 1962 se celebraron nuevas conversaciones, a fin de fijar el orden de preferencia que, dentro de los programas anuales para los tres ejércitos, interesaba al Ejército de Tierra se diera a sus peticiones, ampliándose las ya realizadas con algunos vehículos acorazados para transporte de personal y con unidades de cohetes tierra-aire y tierra-tierra, a fin de poder instruir en su manejo al personal adecuado.

Durante los años 1962 y 1963 prosiguió la lenta llegada del material anterior pedido, el cual no se había completado con el programa de 1963, ni el programado se había terminado todavía de recibir cuando en septiembre de 1963 se prorrogaron por cinco años los convenios primitivos.

La fabricación en España de los cañones antiaéreos ligeros de 40/70 mm tuvo una gran repercusión en el Ejército de Tierra, que basó su defensa antiaérea a baja cota en este material, parte de él, sufragado con la «Ayuda Americana».

Es indudable que la «Ayuda Americana» contribuyó a la modernización del ejército español y a sentar las bases de un sistema logístico de abastecimiento y mantenimiento, hasta entonces, embrionario, aunque no es menos cierto que ralentizó, y en muchos casos paralizó y arruinó, el desarrollo de muchos proyectos españoles serios, interesantes y con muy buenas expectativas, que pasaron a dormir el sueño de los justos. Fueron la cara y la cruz de la famosa «Ayuda Americana».

ESTADO MAYOR CENTRAL DEL EJÉRCITO   CE-MAG (Estadística)

Peso en kilogramos del material del Plan de Ayuda Norteamericana recibido hasta el 31-XII-1963

Año	Armamento	Municiones	Radar	Ingenieros	Transmisiones
1954	2 417 187	514 410	52 894	582 517	118 867
1955	762 152	4 153 970	229 430	142 362	62 338
1956	1 535 232	2 787 182	102 557	620 978	181 845
1957	2 112 517	6 947 878	174 136	488 792	156 850
1958	1 631 928	2 843 782	336 264	248 149	251 258
1959	2 039 923	2 552 778	53 610	31 032	18 881
1960	6 337 619	804 649	81 175	6559	104 363
1961	804 176	923 131	5	191 312	107 257
1962	3 889 564	4500	3411	63 124	74 540
1963	431 654	135 834	–	112 780	72 954
TOTAL	21 961 952	21 668 114	1 033 482	2 487 605	1 149 153

El Convenio de Mutua Defensa abordó dos tramos de envío de material militar a España: en el primero, que incluyó los cuatro primeros años de la ayuda (1954–1957), el *Mutual Defense Assistance Program* (MDAP) llegó a transferir material al Ejército de Tierra por valor de 115 580 000 dólares. En el segundo período (1958–1963), el volumen y cuantía de la asistencia se redujo notablemente, dependiendo en este caso de los fondos del denominado *Military Assistance Program* (MAP), reservados para España.

El organismo encargado de planificar los dos programas, enmarcados cada uno de ellos en años fiscales norteamericanos, fue el denominado *Military Assistance and Advisory Group* (MAAG), con sede en Madrid, del que ya hemos hablado anteriormente. El interlocutor nacional con el MAAG por parte del Ejército de Tierra recibió el nombre de CE-MAG (Comisión de Enlace con el *Military Assistance Group*), y dependía del Alto Estado Mayor.

Entre 1960 y 1963, el MAAG en Madrid estuvo al mando del *Major General* Joseph D. Caldara, de la USAAF.

Material aéreo	Vehículos	Repuestos	Publicaciones	TOTAL
–	2 888 856	860 804	277	7 435 812
–	1 409 984	458 504	2847	7 221 587
–	6 789 363	1 077 601	456	13 095 214
16 408	5 901 700	963 013	1210	16 762 504
36 778	2 133 372	1 059 509	1509	8 542 549
3434	2 851 092	1 574 028	1800	9 126 578
2723	2 027 489	751 684	124	10 116 385
2289	2 992 852	992 681	828	6 014 531
1048	2 263 123	1 031 674	398	7 331 382
517	1 007 275	485 080	1061	2 247 155
63 197	30 265 106	9 254 578	10 510	87 893 697

Emblema genérico del MAAG. El fondo era de color azul y el borde y estrellas, blanco. Sobre él iba la inscripción «MAAG» y el lugar donde se desarrollaba la misión. En la misión en España sería: «MAAG-Spain»

«Grupo de Asistencia y Asesoramiento Militar» (MAAG) es una designación que se usó para un conjunto de asesores militares de los Estados Unidos enviados a otros países para ayudar en el entrenamiento de las fuerzas armadas convencionales y facilitar la ayuda militar. Aunque operaron numerosos MAAG en todo el mundo entre 1945 y 1980, los más famosos fueron los activos en el sudeste asiático antes y durante la guerra de Vietnam.

La dotación humana de un MAAG se componía de personal técnico, que estaba adscrito a la misión diplomática de Estados Unidos en ese país. El estatus especial del personal de los Grupos de Asistencia y Asesoramiento Militar resultaba, precisamente, de su posición como parte integral de la Embajada de los Estados Unidos en el país que desarrollaba sus funciones. Las funciones de los MAAG continúan siendo desempeñadas por organizaciones sucesoras, adscritas a las embajadas.

Programas de formación e instrucción (1954-1963)

El Convenio de Mutua Defensa firmado entre España y EE.UU. en septiembre de 1953, aseguraba, no solo la entrega de armamento a las Fuerzas Armadas españolas, sino también la formación de sus militares en todo el nuevo material militar que recibirían de sus socios. A partir de 1954 muchos oficiales y suboficiales del Ejército de Tierra español realizarían cursos de instrucción y enseñanza y llevarían a cabo comisiones de observación en diferentes acuartelamientos y bases, bien en EE.UU. o bien en Europa. Según los datos manifestados en un trabajo de Pablo León Aguinaga[*], «al menos 9890 miembros de las FAS participaron en los programas financiados por el *Mutual Defense Assistance Program* (MDAP) y el *Military Assistance Program* (MAP) durante el período 1954-1975. Semejante cifra sitúa a España como el quinto país europeo en importancia durante aquel período. El decenio inicial de la ayuda americana fue el mas intenso, con una media anual de 500 individuos desplazados entre 1954 y 1963, siendo el cuatrienio 1954-1957 el de mayor volumen (coincidente con la llegada a España del material contemplado en el MDAP).» La cifra para el período en el que estamos trabajando en este libro, la ofrece Eugene E. Keefe (*Area handbook for Spain*, Washington DC, U.S. Government Printing Office, 1976): «*...over 5000 spanish officers and non-commissioned officers...*». Tan sólo cinco países superaron a España en número de hombres formados e instruidos por los militares norteamericanos, bien en territorio USA, bien en otros lugares: Francia, Grecia, Turquía, Italia e Irán. Para terminar, hemos de afirmar que muchos de los militares españoles instruidos lo fueron en nuestro propio país, a donde se desplazaron equipos móviles yanquis, así como en cursos a distancia, etc... En los programas de *trainning* organizados por el MAAG se establecían los cursos disponibles, tipología del curso, cupo de plazas ofrecidas y duración del mismo. Entre 1954 y 1959, la partida asignada en los programas MDAP/MAP para formación e instrucción de los militares del Ejército de Tierra español fue de 1 027 000 dólares.

*.- León Aguinaga, Pablo. «Los programas de formación para la «Mutua Defensa» entre España y Estados Unidos en los años cincuenta». Revista Ayer nº 116, año 2019.

FUENTES Y BIBLIOGRAFÍA

FUENTES

- Archivo General Militar de Ávila.
- Archivo Intermedio de la Región Militar Noroeste.
- Archivo del Ministerio de Asuntos Exteriores y Cooperación.
- Archivos personales de los autores.

BIBLIOGRAFÍA

- Colectivo Lontra. «La «ayuda americana»: vehículos ligeros para las Fuerzas Armadas españolas». Revista Defensa, nº 373, mayo de 2009.
— «Camiones ligeros, la ayuda americana». Revista Defensa nº 377, septiembre de 2009.
— «Los vehículos tácticos españoles, la ayuda americana tras la II Guerra Mundial». Revista Defensa digital, julio de 2013.
- Espinosa Rodríguez, M. *Aventuras y desventuras de un oficial de Marina 1902-1987*. Editorial Naval. Madrid, 1992.
- Guillén García, J. M. *La industria radioeléctrica nacional*. Ediciones de Conferencias y Ensayos (EDE), Tipografía Hispano-americana, Bilbao, ¿1944?
- León Aguinaga, Pablo. «Los programas de formación para la «Mutua Defensa» entre España y Estados Unidos en los años «cincuenta». Revista «Ayer», nº 116, 2019 (4). pp. 49-76.
- Malgorzata Mizerska-Wrotkowska (Edit) *De fronteras hacia fuera: Polonia y España y sus aliados estratégicos y secundarios en el siglo XX*. Schedas, Madrid, 2016.
- Manrique, J. M., Molina, L., Bruña, O. *Las Brunete. 60 años de historia*. Quirón Ediciones, Valladolid, 2003.
- Marín Gutiérrez, Francisco. *Atlas ilustrado de los vehículos blindados españoles*. Susaeta, Madrid.
- Marín, F., Mata Josep Mª. *Carros de combate y vehículos de cadenas en el Ejército español. (Vol. II y III)*, Quirón Ediciones, Valladolid, 2005.
- Mazarrasa Coll, Javier de. *Los carros de combate en España*. San Martín, Madrid, 1977.
— *Blindados en España II: 1939-1960. La difícil postguerra*. Quirón Ediciones, Valladolid, 1994.
- Mazarrasa, Javier; Aguilar, F. Javier. *Vehículos blindados del Ejército español*. San Martín, Madrid, 1980.
- Nagore Yanoz, Javier. *Luchábamos sin odio*. Áltera Ediciones, Madrid, 2011.
- Paredes, Javier (Coordinador) *Los números de Franco. Sociedad, economía, cultura y religión*, Editorial San Román, Madrid, 2020.
- Platón, Miguel. *Hablan los militares. Testimonios para la historia (1939-1996)*, Planeta, Madrid, 2001.

- Sáez de Adana, F. «El desarrollo del radar de navegación marítima en los primeros años del franquismo». Revista Historia Autónoma Núm. 13 (2018).
- Salas López, Fernando. *Empleo táctico del armamento*. Imprenta SGE, 1960 y 1964. (Dos ediciones)
- VV. AA., *XXV Años de Paz. El gobierno informa. El Ejército*. Imprenta Héroes, Madrid, 1964
- VV. AA. *Aviones militares españoles. 1911-1986*. IHCA, Madrid, 1986.
- VV. AA. *Exposición Tecnológica de los Medios de Transmisión Tácticos* (Catálogo del Museo). Parque y Centro de Mantenimiento de Material de Transmisiones PCMMT. Madrid, 1995-2007.
- VV. AA. *Historia de las Fuerzas Armadas*, *(Vol. II, III, IV y V)* Ediciones Palafox, Zaragoza, 1983.
- VV. AA. «Las radios deben funcionar». Revista Ejército nº 193, 1956.
- VV. AA. *Manuales de Material*, Academia de Artillería, Segovia,1972.
- VV. AA. *Manual de Estado Mayor. Datos prácticos*. EEM. Madrid, 1959.
- VV. AA. *Ordnance Material Handbook*, ST 9-159, 1951.
- VV. AA. *Prontuario de transmisiones*. Escuela de Aplicación de Ingenieros y de Transmisiones del Ejército, Sección de Transmisiones (1951 y 1962).
- VV.AA. «Relaciones España-USA». Revista SP, 15 de febrero de 1963. nº 2004.
- https://historiatelefonia.com/documentos/guerra-civil/
- http://www.requetes.com/radiorequete.html; http://www.larramendi.es/testimonios.requetes/nagore.html
- https://radionerds.com/; https://www.radionerds.com/index.php/Main_Page
- https://www.radiomuseum.org/r/military
- https://forums.g503.com/viewtopic.php?t=168734

ÍNDICE

Agradecimientos finales:

A José Callau García, Javier Lázaro Lavilla, Peregrín Pascual Chorro, Sofía Oraá, Ignacio Taibo Arias y José Luis González Serrano.